楽しい調べ学習シリーズ

アクティブ・ラーニング 調べ学習編

テーマの決め方から情報のまとめ方まで

[監修] 西岡加名恵

PHP

はじめに

みなさんは、「調べ学習」をしたことがありますか。「調べ学習」は好きですか。みなさんのなかには、「調べ学習と言われても何を調べていいのかわからない」「どのように進めたらいいのかわからない」と思っている人も少なくないかもしれません。この本は、「調べ学習なんて苦手だなあ……」と思っている人の役に立ちたい、と思ってつくりました。

この本ではまず、「調べ学習ってなんだろう」ということについて解説しています。「調べ学習」では、自分で課題を設定して、調べていく活動に取り組みますが、いきなりすばらしい課題を設定できる人などいません。ばくぜんとした興味や問題意識から、とりあえずちょっと調べてみる、そうすると発見とともに新たな疑問が生まれる、その疑問をさらにほり下げていくと、さらに新しい発見と疑問が生まれる——そういった「問題解決のサイクル」をくり返しながら取り組むのが「調べ学習」です。効果的に「調べ学習」を進めるためには、見通しをもって計画をたてることも重要です。でも、とちゅうで軌道修正してもいいのです。

では、最初のきっかけになる問題意識は、どうやって見つければいいのでしょうか。実は、問題意識の種はあちこちに見つけることができます。まずはいろいろな角度から自分をふり返ってみましょう。日常生活のなかで、あるいはさまざまな教科の学習のなかで、ちょっと気になったことを書きためてみるのもおすすめです。気になったキーワードから、発想を広げてみてもいいでしょう。そうした後で、調べる方法を具体的に考えて、テーマをしぼっていきましょう。

具体的な調べる方法には、本やウェブサイトで調べる、フィールドワークをする、実験・観察をするなど、さまざまなものがあります。この本では、そういった具体的な方法とともに、調べるときの注意点もしょうかいしています。とくにおすすめなのは、調べる過程で集まるいろいろな資料を、1つのファイルにためていくことです。これを「ポートフォリオ」といいます。

ポートフォリオに資料がたまったら、それらを見ながら達成点をふり返ってみましょう。ひょっとしたら、「こんなことがわからなくなった」という「発見」もあるかもしれません。「調べ学習」では、そういう新しい疑問も大切な成果なのです。みなさんが発見したことをぜひ、ほかの人にも発表してください（発表については、姉妹本の『アクティブ・ラーニング　学習発表編』も参照してください）。聞き手から質問をしてもらうことで、さらに新しい発見も生まれることでしょう。それらをさらに次の「調べ学習」につなげていってほしいのです。

　そういった「調べ学習」で学んだ知識は、みなさんにとって一生の宝になります。「調べ学習」を積み重ねていくと、きっとみなさんは、「当たり前でおもしろくない」かのように見えていた世界が発見で満ちあふれていることに気がつくことでしょう。そのわくわくした喜びを楽しんでほしいと思います。

　ところで、これからの時代に必要な学習の進め方として、今、「アクティブ・ラーニング」が注目されています。アクティブ・ラーニングというのは、興味や関心をもち、見通しをもって取り組む「主体的な学び」、さまざまな人々との対話を行う「対話的な学び」、教科などで学んだ概念や方法を活用する「ふかい学び」の3つを兼ね備えたような学習のことをいいます[※]。予測困難な時代において未来の創り手となるうえで必要な力を身につけるために、アクティブ・ラーニングが重要だと考えられているのです。本書であつかう「調べ学習」は、まさしくアクティブ・ラーニングの典型といえるでしょう。

　この本が、みなさんのアクティブ・ラーニングのガイドブックとなることを願っています！

2017年1月

西岡加名恵

※中央教育審議会「幼稚園、小学校、中学校、高等学校及び特別支援学校の学習指導要領等の改善及び必要な方策等について（答申）」（2016年12月21日）参照

もくじ

アクティブ・ラーニング 調べ学習編

はじめに ……………………………………………… 2

調べ学習ってなんだろう？ ……… 6

「調べる」のはなんのため？ ………………… 6
どんなふうに進めるの？ …………………… 8
ポートフォリオをつくろう ………………… 10

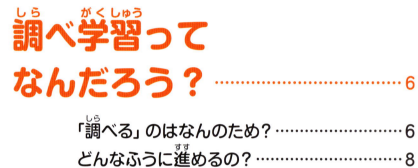

1つのテーマを決めよう … 12

興味があるのはどんなこと？ ……………… 12
テーマをしぼろう ………………………… 15
見通しをたてよう ………………………… 16

計画をたてよう ……………… 18

どんなことを決めるの？ …………………… 18

情報を集めよう ……… 20

情報とはなんだろう？ ……… 20
情報を集めるときに注意しよう ……… 22
図書館を使おう ……… 24
インターネットを使おう ……… 28
フィールドワークを行おう ……… 30
表やグラフにまとめよう ……… 40

発表しよう ……… 41

ふり返って、次につなげよう ……… 46

さくいん ……… 47

調べ学習ってなんだろう？

「調べる」のはなんのため？

　大好きなもののことを考えるとき、「もっと知りたいな」と思いますよね。ネコが好きな人なら、「ネコの気持ちはどうすればわかるのかな」とか「ネコを長生きさせるにはどうすればいいのかな」など、いろいろなことを調べたくなるのではないでしょうか。また、落語が好きな人なら、「落語の上手な演じ方」や「落語の歴史」などを調べてみたくなりますよね。
　調べ学習は、そんなふうに自分が「もっと知りたいな」と思ったことを、調べていくものです。

「もっと知りたい」ことをテーマにした調べ学習の例

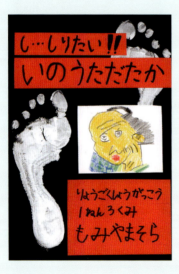

- 「し…しりたい‼　いのうただたか」

籾山大空さん（東京都墨田区　小学1年生）
第19回「図書館を使った調べる学習コンクール」
観光庁長官賞

　地図が大好きな籾山さんは、旅行先で伊能忠敬（昔、日本中を旅し、日本地図をつくった人）を知りました。どんな道具を使ったのか、どのように移動したのかなど、9つの問いをたてて調べています。

伊能忠敬の計測のしかたを知り、定規やメジャーを使って、自分の歩幅をはかる実験をしています。

画像協力：公益財団法人図書館振興財団

自分の好きなこと、知りたいことを調べていくのは楽しいことですが、「そんなに調べたいことはないなあ」と考える人もいるかもしれません。この本では、調べたいことを見つけるためのヒントも示しています（12〜15ページ）。

　調べ学習はほかの勉強と同じように大切ですし、調べ学習を通して、調べて考えたことは、みなさんが生きていくうえで、きっと役に立ちます。それはなぜでしょうか。

　たとえば、おとなになったあなたは、「どんな仕事をしようかな」と考えることでしょう。仮にレストランをオープンさせることになったとしましょう。考えることはたくさんあります。「なんのレストランがいいかな」「どこにつくろう」「どういうふうにお店をつくればいいのかな」「どれだけお金が必要かな」など、疑問に思ったことや問題を解決するために、調べて考えることがたくさんあります。実は、これは調べ学習を行っているのとまったく同じことなのです。

　また社会では、さまざまな問題が起こります。何かを解決しても、新しい問題が次々に出てくるでしょう。それを、社会の一員であるみなさんそれぞれが、一人で、またはみんなと協力して、解決していかなくてはなりません。問題を見つけ、解決していくための力を、調べ学習を行うことでのばすことができます。

　調べることができるようになると、自分で問題を解決できるようになり、生きていく力を身につけることができるのです。

どんなふうに進めるの？

問題を解決するには、すじみちをたてて考える必要があります。次のような手順で、調べ学習を進めてみましょう。

「服が好きだし……。衣服について、調べよう！」

「衣服の歴史を調べてみよう！」

「どうやって調べようか？まずは本で調べてみよう！」

「時代によって衣服の形がちがう。」

問題意識をもつ

テーマを決める
何を調べたいのかを考え、1つのテーマを決めましょう。

情報を集める
図書館やインターネットを使ったり、実験・観察・インタビューなどをしたりしましょう。

問題解決のサイクル

「調べていくうちに、課題がどんどん練り直されて、ふかまっていくね。」

参考：文部科学省『小学校学習指導要領解説　総合的な学習の時間編』2008年

調べ学習ってなんだろう？

実物を見てみたいな。博物館に行ってみよう！

こんなおもしろい発見があったよ！みんなに伝えたい！

さらに情報を集める

もっと調べたくなったことを、さらにさまざまな方法で調べてみましょう。

- 課題設定
- 情報収集
- 整理・分析
- まとめ・表現

まとめて、発表する

わかったことを確認し、調べたことをまとめて発表しましょう。

- 課題設定
- 情報収集
- 整理・分析
- まとめ・表現

次につなげる

もっと、調べてみたくなったよ！

ワクワク

ふり返り、見通しをたてる

今までにわかったことは何か、新たに生まれた疑問は何か、次にどうするか、などを考えます。

ポートフォリオをつくろう

　調べ学習を行うときは、調べたこと、考えたことを紙に書き、残しておくようにしましょう。1冊のノートに書いてもいいですが、ポートフォリオをつくるのもいいでしょう。
　ポートフォリオとは、自分で書いた記録や集めた資料、ほかの人からもらったコメントなどをクリアポケット式のファイルなどに入れて整理していくものです。

◎ ポートフォリオには、こんなものを入れよう！

- クリアポケット式のファイルのサイズに合わせ、同じサイズの紙に記入しよう。
- それぞれの用紙に日付と名前を記入しておこう。
- 作業を行った順に前から入れていこう。

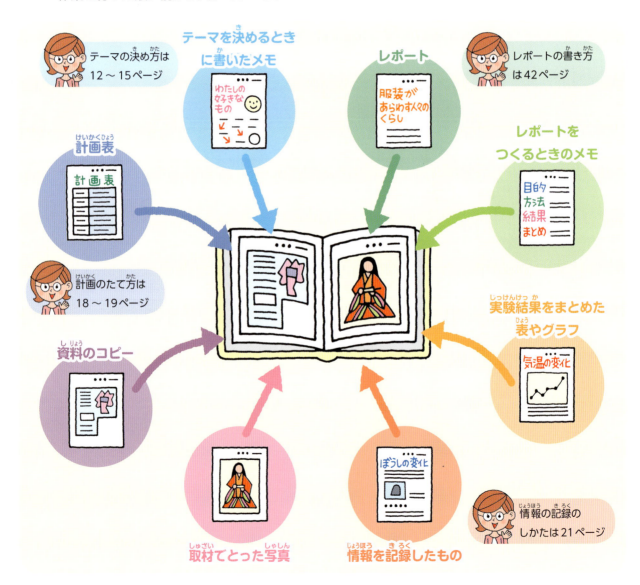

◎ポートフォリオの生かし方

　自分が考えたことや、気づいたことのメモ、調べてわかった情報などを順番に入れていくことで、何を考えて、何を調べて、今の考え方になったのかということがはっきりします。つまり、自分の調べてきたすじみちがはっきりします。はじめから見返して、目標や計画表と比べると、自分は何ができて、何ができていないのかということがよくわかります。

こんな発見があったな。

新たな疑問も生まれたよ。

　自分の調べてきたすじみちが目に見えるようになっていると、考えが整理できて、ほかの人にもあなたの考えを説明しやすくなります。とちゅうで、どのような方向に進んでいけばいいか迷うことがあったら、相談して、的確なアドバイスをもらうこともできるのです。

こんなふうに取り組んできました。

今、こんなことで、こまっています。

　調べたことをポスターなどにまとめるときも、ポートフォリオが役立ちます。ポートフォリオから大事なものを選び出し、構成を考えることができます。

仲間分けすると……

ポートフォリオにたまった情報を仲間分けすると、考えを整理しやすくなります。情報のポイントだけをカードやふせんなどに書き写し、仲間分けしましょう。

1つのテーマを決めよう

興味があるのはどんなこと？

　調べ学習の課題は、どんなテーマでもかまいません。興味をもっているものを選びましょう。何を調べるか、迷っている人、決められない人は、自分の身のまわりから見つけてみましょう。

◎ 自分を知ろう

　あなたが興味をもっていることを書き出してみましょう。

ぼくの……

- **得意なこと**: 野球、ピッチング、ハーモニカ、リコーダー、人を笑わせること、ものまね
- **夢**: 甲子園に出る、エースピッチャーになる、アメリカに旅行する、メジャーリーガーになる
- **気になること**: 上手にピッチングする方法、おじいちゃんの健康、図かんで見た実験、ニュースで見た事件
- **好きなもの**: 阪神タイガース、投手、戦隊ヒーロー、こん虫、カブトムシ、クワガタムシ

　書き出したもののなかから、あなたがいちばん調べてみたいことを選びましょう。

教科から見つけよう

　学校で学習した、国語や算数、理科、社会などの教科のなかからテーマを選ぶこともできます。学習したことのなかでもっと知りたいなと思ったことや、資料のなかでしょうかいされていた内容でおもしろそうだと思ったことなどを、書き出してみましょう。

国語の授業の例
『やまなし』　●作家に注目する

理科の授業の例
「水のすがたと温度」　●身近な例で実験する

算数の授業の例
「九九の表とかけ算」　●時代や国による計算のしかたのちがい

社会の授業の例
「郷土の発展につくす」
●身近な例をさがす

音楽の授業の例
「日本の音楽を楽しもう」
●楽器に興味をもつ

発想を広げてみよう

1つのことがらを、さまざまな角度から見てみることも大切です。たとえば、あなたが食べ物に興味をもっているとします。調べるテーマを「食べ物」にかかわることにしようかな、と考えたとき、「食べ物」をさまざまな角度からとらえてみましょう。

教科をてがかりにして、食べ物を考えてみよう

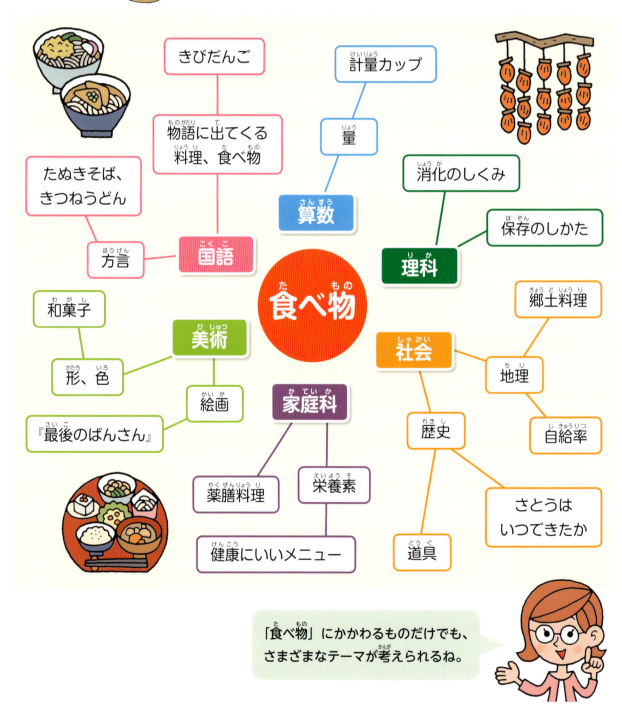

「食べ物」にかかわるものだけでも、さまざまなテーマが考えられるね。

テーマをしぼろう

　調べ学習は、たくさんの時間をかけて、資料を集め、考えます。気になることをかたっぱしから調べていくことはできません。どうしても、これは「知りたい」と思うものにしぼるようにしましょう。このとき、自分にとってあまり興味のもてないものをテーマにすると、資料を集めることも苦痛になって、続けていくことができません。自分の好きなことや、自分自身の問題としてとらえられること、どうしても解決したいと強く思っていることなどを選びましょう。

　また、「治療法が見つかっていない難病を治すにはどうすればいいか」というような専門的な知識が必要なテーマはどうでしょうか。こうしたテーマは、大変重要なものですし、一生の課題として取り組んでいる研究者もいます。ただ、あなた自身が調べ学習にかけられる時間には限りがありますし、使える機材などにも限りがあります。たとえば、「これまでに、どのような難病の治療法が見つかったか。それには、どのような努力がなされたのか」「現在、難病を治す可能性を広げている遺伝子治療とは、どのようなものなのだろうか」などといった問いにしぼれば、関連する本を読むなどして調べられそうです。このように、調べる方法が思いうかぶものから始めるようにしましょう。

あなたに合ったテーマかな？　テーマをしぼるポイント

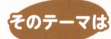そのテーマは

- やりがいを感じることができそうか
- あなたらしいテーマか
- 生活と関係しているか
- 調べ方の見通しがたつか
- 楽しく調べることができそうか
- さまざまな体験ができそうか
- さまざまな人との出会いがありそうか
- 今まで学んできたことを生かせそうか

迷ったら、だれかに相談にのってもらうのもおすすめだよ。

全部があてはまらなくてもかまわないよ。

1つのテーマを決めよう

見通しをたてよう

　自分が調べたいキーワードを決めた後、さらにテーマをしぼると、調べたいこと、調べる方法がより明確になります。次の調べ学習の例を見てください。

「テーマをしぼった」調べ学習の例

- 「よってらっしゃい！　見てらっしゃい！
　見えないほねのふしぎな力！
　人間と犬のホネ大研究」

田口文喜さん（東京都墨田区　小学3年生）
第18回「図書館を使った調べる学習コンクール」文部科学大臣賞

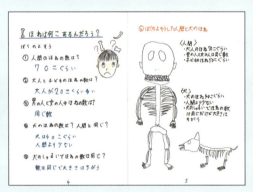

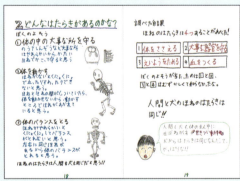

画像協力：公益財団法人図書館振興財団

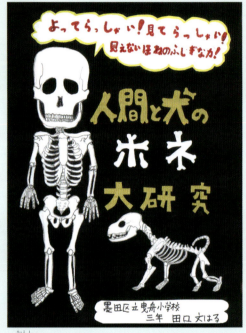

▲表紙

　おでこを30針もぬう大けがをした田口さん。ずがい骨が頭を守ってくれたから、死なずにすんだのではと考え、骨に関心をもちました。
　人間の骨とかっている犬（チワワ）の骨を比べながら、骨のつくりやしくみを調べています。「人間と犬の骨のちがい」や「骨の力」など、おもしろい発見が生まれています。タイトル、サブタイトル、表紙を見るだけで、どんなことを調べているのかがよく伝わってきますね。

　もし、あなたが、田口さんと同じように、骨について調べることにしたとしましょう。「ホネ大研究」というキーワードから、骨の何をどのように調べていこうかな、ということを考え始めることになるでしょう。まずは、「人間の体」や「動物の体」についての本の骨のところを読んでみよう、といった見通しがたちそうです。
　仮のタイトル、サブタイトルをつけてみるのもいいですね。タイトルやサブタイトルは、調べていくうちに変わってもかまいません。

◎ 調査内容、調査方法を考えよう

さて、あなた自身が調べたいキーワードはなんでしょう。そのキーワードからさらにしぼりこむと、どんなテーマについて調べたいと思いますか。

ぼくは野球が大好き！今回は、野球選手について調べてみようかな。

1つのテーマを決めよう

調べたいことがしぼれたら、具体的な調査内容や調査方法を考えましょう。
下の表では、「今、知っていること(K)」「これから、知りたいこと(W)」「調べる方法(H)」を箇条書きにしています。

 野球選手について調べてみよう

K What I know 今、知っていること	W What I want to know これから、知りたいこと	H How to know 調べる方法
● 地元のチームの選手の名前 ● 人気がある ● 競争が激しい ● 日本人初のメジャーリーガーは村上雅則 ● ぼくもプロ野球選手になりたい	● どうすればプロ野球選手になれるのか ● 上手にピッチングできるようになるには、どうすればいいのか ● 変化球は、どんなしくみなのか ● 歴史上、どんなプロ野球選手がいたのか ● 村上雅則は、どうして日本人初のメジャーリーガーになれたのか	● 本を読む ● 野球の上手な人に聞く ● 練習する ● 実験をする ● 野球殿堂博物館に行く ● 伝記を読む

| 今、知っていることを書き出します。 | これから、知りたいことを思いつくだけ書き出します。できれば疑問文の形で書きましょう。 | どんな調べ方ができそうかを書いてみます。 |

「これから、知りたいこと(W)」の欄に書いたことのうち、いちばん知りたいことはどれでしょう。「調べる方法(H)」の欄に書いた方法のなかで、あなた自身が試してみたい調べ方はどれでしょう。「知りたいこと」と「調べる方法」を組み合わせて、見通しをたてましょう。

あなたが選んだ「知りたいこと」「調べる方法」は、実際に取り組めそうでしょうか。簡単すぎて、すぐ終わってしまわないでしょうか。かけられる時間に合っていそうでしょうか。考えてみましょう。

計画をたてよう

どんなことを決めるの？

テーマを決めたら、いつまでに何をするか、計画をたてましょう。

情報を集める

どんな情報をどのようにして集めるかを考えます。情報の集め方は、図書館でさがしたり、ウェブサイトをさがしたり、実験や観察、インタビューを行うなど、さまざまです（それぞれの方法は24〜39ページ）。集める目的によって、どの方法がいいか考えて決めましょう。集めた情報は記録に残し、表やグラフにまとめるなどして、整理しましょう。

成果をまとめて、発表する

成果の発表のしかたは、かべ新聞やレポートにまとめるなど、さまざまです。どのような発表ができそうか、どんな作業をしなければならないか、考えましょう。

次に、上で考えた作業を、どのような順番で、それぞれいつまでにするかを考えましょう。発表の日（しめきり）がいつなのかを確認し、それに間に合うように決めていきます。

情報を集めるのは7月20日まで、まとめるのに10月5日から10月12日までというように大まかな予定をたて、その後、作業ごとのしめきりを決めましょう。

また、8〜9ページでしょうかいしたように、調べ学習では、少し情報を集めると、新たな疑問が生まれ、テーマを変えるなど、前にもどることがあります。もどったり、進んだりしながら、じょじょに考えをふかめていくので、しめきりぎりぎりではなく、少し余裕のある計画をたてるようにしましょう。

グループで行うとき

調べ学習をグループで行うことには、一人で行うより、たくさんのことを一度に調べることができたり、さまざまな意見を取り入れたりできる、といった利点があります。

グループで行うことの利点を生かしながら、だれが、いつまでに何を担当するかを決めましょう。

みんなで集まることができるのはいつか、それにはどれくらいの時間があるのかを確認し、しめきりを決めていきます。

だれかに作業が集中することがないように、よく相談して決めるようにしましょう。

計画をたてよう

グループで行うときの例

● 何を調べられそうか、予想する

● どんな方法で調べられそうか、話し合う

● 計画表をつくる

研究計画

テーマ「わたしたちの町の祭りはどのように受けつがれてきたのか」

● 情報を集める（6月1日～7月20日）
　図書館
　インターネット
　市役所
　祭りを運営している人に聞く
● 情報の整理、追加調べ
　　（9月10日～10月1日）
● まとめ（10月5日～10月12日）
● 発表の練習（10月15日・16日）
● 発表会（10月20日）

● 分担表をつくる

作業	山田	木村	水野	谷口
図書館の資料で町について調べる	●			
図書館の資料で祭りについて調べる		●		
インターネットで祭りについて調べる			●	
祭りを運営している人に話を聞く		●		●
郷土資料館に見学に行く	●	●	●	●

情報を集めよう

情報とはなんだろう？

現代は、情報を伝える方法がたくさんあり、さまざまな情報があふれています。大昔のことも遠い国のことも、文字や映像などで知ることができます。インターネットが発達し、だれでも気軽に情報を伝えることができるので、会ったこともない人のペットのようすといったことまで知ることができるのです。このように、文字や映像などを使って伝えられる知らせを情報といいます。

情報は、本やウェブサイト（インターネットで見られる情報のページ）などさまざまなもので伝えられますが、新しさや正確さ（信用できるかどうか）は、それぞれ異なります。また、情報によって生まれる知識や判断も、人によって異なります。それぞれの特ちょうを理解して、情報を集めるようにしましょう。

① 図書
ふつう、著者が発信する。著者、編集者など、複数の人が正確な内容かをチェックした後、できあがるので、情報は信頼できるものが多い。ただし、できあがるまでに時間がかかるので、最新情報は少ない。

② ウェブサイト
だれでも発信できる。すぐに発信できるが、正確な内容かをチェックしていないこともある。信頼できないものも多い。最新情報もあるが、古い情報がそのまま残っていることもある。

③ 新聞・雑誌
新聞社、出版社が発信する。複数の人が内容をチェックした後、できあがる。情報は信頼できるものが多い。図書に比べ、1つの内容の分量は少ないが、情報は新しい。

④ フィールドワーク
自分で調査する。実際に、現地へ出かけ、インタビューやアンケートを行う。調査の対象が限られているため、ほかのことにあてはめられない場合もある。

⑤ 実験・観察
自分で実験や観察をする。ユニークな調査を行うことができるが、時間や手間がかかる。

⑥ テレビ・ラジオ
テレビ局、ラジオ局などが発信する。図書に比べ、映像や音声を使うため物事のようすが伝わりやすく、情報も新しい。

情報を記録しよう

調べてわかったことは、ノートやカードなどに記録しておきましょう。たくさんの情報を見ていると、とちゅうで忘れてしまったり、内容をかんちがいしたりすることがあります。記録を残しておくと、情報を整理し、まとめるときに役立ちます。

記録の例

- 疑問・きっかけ
- 調べたこと
- わかったこと　考えたことや新たな疑問

調べた日付と自分の名前を書いておきましょう。

```
2016年8月26日(金)　水口　たく

■多目的トイレとは何か。

・多目的トイレとは？
　身体に障害のある人や赤ちゃんづれなど、さまざまな人
　が使うことができるトイレ
・多目的トイレの設備
　折りたたみベッド、手すり、オストメイト用排泄物流し、
　センサーなどで水が流れる便座

・オストメイトとは？
　「人工肛門や人工膀胱をつけた人のことです」

出典：柏原士郎監修『ユニバーサルデザインがわかる事典』
　　　　PHP研究所、2009年、57ページ

●多目的トイレはだれもが利用できるような位置にあり、設備も工夫されている。
●どのくらいの規模の駅に多目的トイレは設置されているのか。
```

ノートに書き写すかわりに、資料をコピーしてはっておいてもかまいません。

要約：自分が知りたいこと・大事だと思う部分をさがし、まとめて書き出しましょう。

引用：ほかの人が書いたことをそのまま用いるときは、「　」をつけます。引用部分のことばは、変えないようにしましょう。ほかの人が書いた文を「　」をつけず、出典も示さないで発表すると、書いた人の「著作権」を侵害する犯罪になってしまいます。注意しましょう。

出典：どこからとった情報なのか書いておきましょう。書籍のときは、「監修者や著者名、書籍名、発行所(出版社)、発行年、ページ番号」を書きます。

- 情報を見たページ　『ユニバーサルデザインがわかる事典』（PHP研究所）

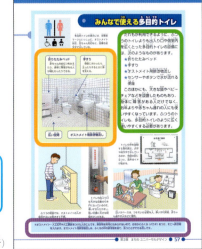

情報を集めるときに注意しよう

情報には、まちがったものやうそがまじっていることもあります。情報を集めるときには、次のようなことに注意しましょう。

🎯 だれが発信した情報なのか

どんな人が発信している情報なのかを確認することは、とても大切です。たとえば、ブログなどでは、だれでも自由に発信できるので、うわさ話を書いているだけのこともあります。だれが、どのようにして得た情報なのか注意しましょう。

🎯 事実と意見を区別しよう

情報には事実だけでなく、発信する人の意見もふくまれています。たとえば、次のような情報があったとします。

「やまのうえレストランのオムライスはおいしい。1日限定30食だが、毎日開店後、1時間で売り切れてしまう」

ここから次の3つのことがわかります。

① やまのうえレストランのオムライスはおいしい
② やまのうえレストランのオムライスは、1日限定30食
③ やまのうえレストランのオムライスは、毎日開店後、1時間で売り切れる

①～③は、すべてが事実というわけではありません。①の「おいしい」というのは、発信した人の意見です。おいしいかどうかは、食べてみなければわかりません。②はおそらく事実でしょう。③については、確認してみないと事実かどうかがわかりません。

情報を集めるとき、「これは（本当に）事実かな」「意見かな」と、考えるようにしましょう。

🎯 複数の情報を確認しよう

情報には、さまざまなものがあります。まちがっていることもあれば、古くて現在の状況と合わない内容になっていることもあります。1つのことがらに対して、1つのものからしか情報を集めなかった場合、その情報がまちがっていたり、古いものだったりしてもわかりません。必ず、複数の情報を確認し、情報が確かなものかを考えるようにしましょう。

🎯 異なる立場の人の情報を確認しよう

どんな立場の人が発信した情報なのか、ということも大切です。たとえば、「遺伝子組みかえ食品は安全か」ということを調べていたとします。何冊か本を読み、遺伝子組みかえが行われている食品はさまざまな審査を受けていて、審査に合格したものが市場に出ている、ということがわかりました。ところが、友達は、「わたしが読んだ本には、遺伝子組みかえのトウモロコシを食べたネズミが健康を害したことがあると書いてあったよ」と言っています。

「遺伝子組みかえ」という同じテーマであっても、「安全だ」と考える人もいれば、「危険だ」と考える人もいるのです。このように、1つの問題に対し、さまざまな考えがあり、それぞれ異なった立場の人がいることもあります。

情報を集めるときには、1つの立場からのものだけでなく、異なる立場のものがないか調べるようにしましょう。

図書館を使おう

🎯 図書館は情報の宝庫

図書館には、さまざまな資料があります。調べ学習のテーマが見つからないとき、情報を集めるときなどに、図書館を利用してみましょう。

こんなにあるよ、図書館の情報
- 調べるときの基本になる「参考図書」がある
  参考図書とは、ことばやことがらを説明した辞典や百科事典など
- 限られたテーマについてくわしく書いてある「一般図書」がある
- 書店ではとりあつかわれていないような古い本もある
- さまざまな新聞や雑誌がある
- パンフレットやリーフレットなどのファイル資料がある
- DVDやCDなど、映像や音声の資料がある

本棚では、よく似たテーマの本が近くに並んでいるので、めあての本の近くにある本を見てみることもおすすめだよ。

本の並び方のルール

図書館では、本は「日本十進分類法」という方法で分類されて、同じテーマの本は1つのところに並べられています。日本十進分類法では、本をまず10のグループに分けます(❶)。さらに、細かく10のグループに分けます(❷)。さらに細かく10のグループに分けます(❸)。

情報を集めよう

❶

0	総記
1	哲学
2	歴史
3	社会科学
4	自然科学
5	技術・工学
6	産業
7	芸術・美術
8	言語
9	文学

❷

70	芸術・美術
71	彫刻
72	絵画・書道
73	版画
74	写真・印刷
75	工芸
76	音楽・舞踊
77	演劇・映画
78	スポーツ・体育
79	諸芸・娯楽

❸

780	スポーツ・体育
781	体操・遊戯
782	陸上競技
783	球技
784	冬季競技
785	水上競技
786	戸外レクリエーション
787	釣魚・遊猟
788	相撲・拳闘・競馬
789	武術

書架案内（どこにどんな資料があるかを示している）

書架

映像資料

本の背のラベルには、日本十進分類法の記号が書かれています。ラベルの記号を見ながらさがすと、目的の本にたどりつくことができます。

🎯 本のさがし方

図書館には、本の背のラベルを見るほかにも、本をさがす方法があります。

レファレンスサービスを利用する

公共の図書館には司書、学校図書館には司書教諭（図書館専門の先生）がいて、図書館の利用について、相談にのってくれるサービスがあります。

> **こんなとき、相談してみよう**
> - 目的の資料が見つからないとき
> - 資料のさがし方がわからないとき
>
> レファレンスサービスを利用するときは、できるだけ具体的に質問すると、よりぴったりの本を見つけることができます。
> 「宇宙に関する本はどこですか」よりも「宇宙飛行士が宇宙でどんな暮らしをしているのかについて調べたいのですが、いい本はありますか」というように、どんな目的で調べているのか、どんなことが知りたいのかがわかるように伝えましょう。

検索機を利用する

図書館の本や資料には、それぞれ目録（どんな内容の本なのか、またそれがどこにあるのかなど、本に関するさまざまな情報がわかるもの）がつくられています。公共の図書館では、目録はコンピュータで管理されているので、図書館にある検索機や図書館のウェブサイトで見ることができます（図書館のウェブサイトは、図書館ではないところでも見ることができます）。

検索機や検索用のウェブサイトを使うと、本のタイトルがわからなくても、本をさがすことができます。検索機にキーワードを入力すると、関係のありそうな本をピックアップしてくれます。どんなキーワードを入れるといいかを考えましょう。

> **検索機を使うときのポイント**
> - キーワードは長くしない
> - キーワードは組み合わせを変えて何度か検索してみる
> - キーワードをひらがな、カタカナ、漢字と、文字を変えて検索してみる
>
> たとえば、キーワードを「アメリカ文化」として検索をすると、『アメリカの文化』というタイトルの本は出てきません。「アメリカ」「文化」と1つ1つのことばに分け、検索しましょう。「米国」「文化」というキーワードも試してみるといいでしょう。

本から情報をさがす方法

タイトルで本を見つけても、調べたい内容が本にのっているかどうかはわかりません。本を全部読んでみなくても、調べたい内容がのっているかどうかを確認する方法があります。

目次を見る

目次は、本に書いてあることの見出しをページ順に並べたものです。

さくいんを見る

さくいんは、本に書いてあることばを五十音順などに並べたものです。

『ユニバーサルデザインがわかる事典』（PHP研究所）

「はじめに」を読む

「はじめに」には、なぜその本がまとめられることになったのかなど、その本の目的や内容についての説明が短く書かれています。

参考図書を使おう

参考図書は、調べるときに基本となる情報がのっています。それぞれの資料の特ちょうをつかんで利用しましょう。

百科事典

百科事典は、あらゆる分野のことがらを説明した本。基本的な情報を短くまとめて説明していることが多いので、さらにくわしい情報が必要なときは専門書でも調べる。

統計

統計は、同じ種類のことがらを集めて、数字や表、グラフにまとめた資料。ちがいを数値で比べたいときに便利。

白書

白書は、政府が教育、政治、経済などの社会のようすを調査したことを報告する資料。それぞれの分野でどのような課題があり、今後どうなっていきそうかを知ることができる。

年鑑

年鑑は、あることがらや分野について、その年のできごとや統計をまとめた資料。年に1回発行される。その年がどんな年だったのかを知ることができる。小学生向け、中学生向けに編集された年鑑もある。

インターネットを使おう

◎ 検索サイトを使おう

　インターネットとは、世界中のコンピュータが回線を通してつながるネットワークのことをいいます。インターネット上には、たくさんの情報があり、しかも検索が簡単にできるので、調べたい情報をすぐに見つけることができます。
　検索するときには、検索サイトを使うと便利です。

検索サイトの例

● Yahoo! きっず　子ども向けの検索サイトで、検索すると出てくるウェブサイトは、子どもが安心して見ることができるものに限られています。

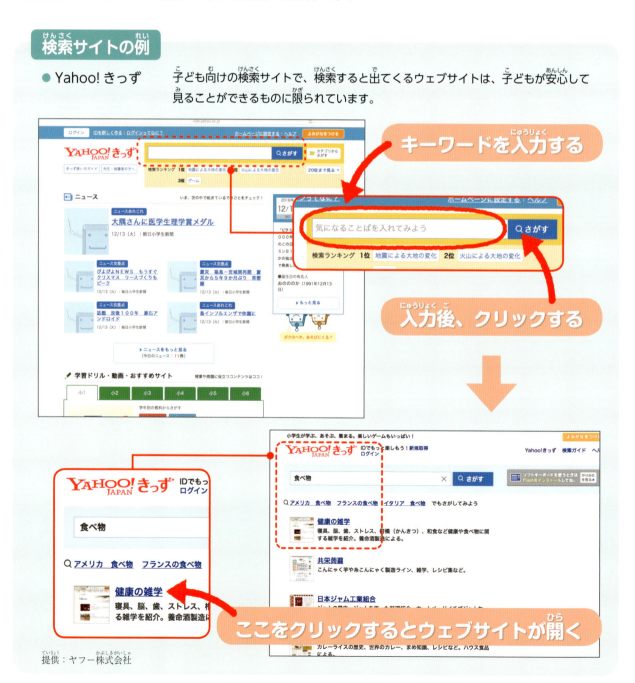

キーワードを入力する

入力後、クリックする

ここをクリックするとウェブサイトが開く

提供：ヤフー株式会社

◎ウェブサイトを見るときの注意点

ウェブサイトの次の❶～❸の情報を確認しましょう。❶～❸の情報がないウェブサイトは信頼できない場合が多いので、注意しましょう。

❶ 発信者名がのっているか
だれが発信したのかはっきりしないものは、信頼できません。

❷ 連絡先がのっているか
情報に何か問題があれば連絡してください、という意味もあります。
連絡先がのっているということは、情報に責任をもちますという意味にとらえることができるので、連絡先がのっていないものより信頼性は高くなります。

❸ 更新日がのっているか
インターネット上には古い情報も消えずに残っているので、いつ発信された情報か確かめることは大切です。

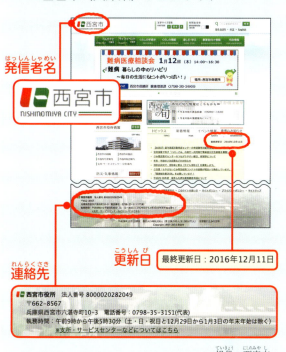

発信者名・連絡先・更新日の例
●西宮市（兵庫県）ウェブサイト
発信者名／連絡先／更新日　最終更新日：2016年12月11日
提供：西宮市

ウェブサイトを開くときは、できるだけまわりのおとなに確認してから進めるようにします。もし、あやしいサイトにつながってしまったら、すぐに先生やおうちの方に相談するようにしましょう。たとえば、サイトのなかには、だましてものを買わせようとするものがあります。何が起こるかはっきりしないまま、「クリックしてください」というボタンをクリックしてはいけません。

また、ふつうのサイトのように見えても、名前や連絡先、生年月日、ＩＤやパスワードなどの個人情報を集めようとするサイトもあります。たとえば、「アンケートに答えてください」と言って、情報を入力させようとするサイトもあります。自分の個人情報はもちろん、ほかの人の情報も、絶対に自分の判断だけで入力してはいけません。

ウェブサイトの情報の出典の書き方
●発信者名「見たページのタイトル」URL、見た日
【例】西宮市役所「西宮市ホームページ」http://www.nishi.or.jp/、2016年12月12日

フィールドワークを行おう

🎯 フィールドワークとは

　調べていることに関係する場所に行って、観察したり、インタビューやアンケートなどを行ったりすることをフィールドワークといいます。

　テーマによっては、本を読んだりウェブサイトを見たりして知る情報だけでは十分ではないことがあります。自分で確かめてみることで、信頼できる情報を得ることができます。

　フィールドワークには、次のようなものがあります。

フィールドワークの例

- 展示施設に行き、実物や模型を観察する
- 行事などに参加し、ようすを観察する

観察するのは、人だけではないよ。ものも対象になるんだ。スケッチしたり、写真をとったりしよう。ただし、写真は禁止されている場所もあるので、事前に確認しよう。

- インタビューをして調査する
（インタビューのしかたは 34 ～ 35 ページ）

- アンケートをとって調査する
（アンケートのとり方は 36 ～ 37 ページ）

 フィールドワークの流れ

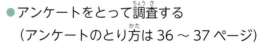

① どこへ行き、何を調査するかを決める → ② 調査の準備をする → ③ 調査する

◎どこへ行き、何を調査するかを決めよう

　フィールドワークは、いきなり行うのではなく、図書館やインターネットなどを使い、自分で資料を集めたうえで、もっと知りたいことがあるときに行います。調べたいことをはっきりさせ、どこへ行って、どのように調査するかを決めましょう。

調査するところの例

展示施設（博物館・資料館・科学館など）

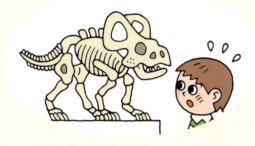
●実物や模型などを観察できる

●体験や実験ができる

●専門的な資料を見ることができる

●専門家の話を聞くことができる

　博物館には、総合博物館と専門博物館があります。総合博物館は、自然や科学、歴史、文化などさまざまな分野をあつかっています。専門博物館には、ある人物にしぼった人物記念館、地域をしぼった郷土資料館、科学館、美術館、水族館などに加え、おもちゃや自動車などさまざまな分野のものがあります。こうした博物館は、ウェブサイトにどのような展示を行っているかをのせているので、説明を読んで、調べたい内容に合ったところを選びましょう。

役所・公共施設（消防署、保健所、下水処理施設など）

- （県や市区町村の）情報を教えてもらえる
- （施設の）見学ができる

　役所では、地域の観光や産業、歴史などのしょうかいや、統計などの情報を教えてくれます。
公共施設は、予約をすれば見学できるところもあります。

◎ 調査の準備をしよう

　調査に行くとき、必要であれば先方の予約をとり、当日、どのように話を聞くかなどの準備を行っておきましょう。また、こうした外出の予定はおうちの方に話し、行ってもいいか、必ず確認するようにします。

予約をとろう

　予約をするときは、先方の都合を聞き、日時を決めます。前もって（希望予定日の2週間以上前）、手紙や電話、メールでお願いをします。失礼のないように、ていねいなことばづかいを心がけましょう。

申しこみの手紙の例

```
郷土資料館　□□□課                          2016年10月4日
○○○様
                                          大阪市北区●●●
                                          ▼▼▼小学校　■■■
                                          電話　06－××××－××××

　はじめまして。わたしは、▼▼▼小学校4年2組の■■■です。今日は、お願
いがあって手紙を書きました。わたしは、今、昔の道具について調べています。
　そこで、下記の日程で、ご都合のよいときに昔の道具についてお話を聞か
せていただきたいのです。
　調べてわかったことは、地いきの人たちとの交流会で発表する予定です。
ぜひ、ご協力をお願いします。

　　【テーマ】身のまわりの道具の歴史
　　【内容】昔のくらしと道具の使い方、歴史を調べる
　　【希望日時】2016年10月22日(土)午後、または10月29日(土)午後
　　【お願い】10月14日(金)までに同封の返信用封筒でご返信いただくか、
　　　　　　上記の電話までご連絡くださいますようお願い申し上げます。
```

学校名を使って手紙を出す場合には、必ず担任の先生に申し出ておこう。

手紙に必ず書くこと
- 日付（手紙を書いた日）
- あて先（施設や会社の名前、部署、担当者名［わからないときは「ご担当者様」とする］）
- 差出人「名前（学校名・学年・クラス・氏名）、連絡先」
- 目的（何を調べていて［調べ学習のテーマと内容］、何をしたいか）
- 希望日時・期日（いつまでに返事がほしいか）

※あて先を書き、切手をはった返信用封筒を、同封しましょう。

質問を考えておこう

当日、対象となる人に質問をしたいと思っているときは、前もってどんなことを質問するのか考えておきます。ポートフォリオをチェックし、今まで調べてきて、疑問に思っていることを書き出し、質問の案を考えましょう。限られた時間で、効率よく質問をするために、前もって、どのようなことを質問したいのかを先方に知らせておいてもいいでしょう。

練習をしておこう

グループで調べ学習を行っているときは、当日の役割分担を決めておきましょう。主に質問をするのはだれか、写真をとる場合はさつえいするのはだれか、などを決めます。

当日、あわてないためにも練習しておきましょう。質問する人、される人に分かれ、実際に質問をし、メモをとります。

また、さつえいを行う場合は、カメラの使い方になれるため、実際にさつえいをしておくといいでしょう。このときに、どんな写真をとりたいのかを確認しておきます。

こんなことに注意しよう

当日は、わざわざ時間をつくってくださったことに感謝して、ていねいなことばづかいや態度を心がけましょう。

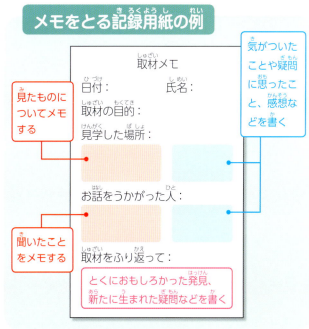

メモをとる記録用紙の例

注意すること
- ちこくしない（約束の時間の少し前には着いているように）
- 元気よくあいさつする
- 案内してくれる人の指示にしたがい、勝手にうろうろしない
- さつえいは、許可をとってから行う
- メモをとる
- 終わったら、必ずお礼を言う
  （帰ってから、お礼の手紙も出そう [お礼の手紙の例は35ページ]）

🎯 インタビューのしかた

本などを読むだけではわからないことについて、専門家などに直接会って話を聞き、知りたい情報を得ることをインタビューといいます。

準備をする

インタビューを行う前に、インタビューを申しこんで日時を決めたり、質問を考えたりといった準備を行っておきましょう。

インタビューをする

まず、あいさつをし、自己しょうかいをします。インタビューを引き受けてくださったことへのお礼も言いましょう。そして改めて、インタビューの目的を伝えます。インタビューの内容を録音したいときは、インタビューを受けてくれた人の許可をとってから行いましょう。そのうえで、用意した質問を順番に聞いていきます。

話題にそった質問や確認をしたり、感想を述べたりして、相手の話をほり下げましょう。また、話題を変えるときには、そのことを相手に伝えてから行います。

インタビューの用紙の例

インタビューの記録
日付：　　　　　氏名：
目的：
相手：　　　　　場所：
質問と答え：
1. 郷土資料館は、なぜつくられたのですか
2. いちばん、おすすめの展示物はなんですか
3. 昔の道具から、どんなことがわかりますか

> 質問の間をあけておくと、答えのメモを書きやすいよ。

> わたしたちは、昔の人たちがどんな道具を使って暮らしていたのかについて調べています。社会の資料集を見て、わたしたちの知らない道具が使われていたことに興味をもったからです。調べたことは、文化祭で発表したいと考えています。どうぞよろしくお願いします。

ここに注意❶
話を聞くときは、相手の顔を見て、うなずいたり、あいづちを打ったりしましょう。そうすれば、きちんと話を聞いていることが相手にも伝わります。

ここに注意❷
聞き取れなかったときは、その場で聞き直すようにしましょう。わからなかったり、新たな疑問が出てきたりしたら、相手の発言が終わったときに質問してみましょう。

ここに注意❸
話を聞くときは、要点をメモします。

インタビューを受けてくれた人が、発表する内容をチェックしたいと思っているかどうか、確認しておきましょう。発表の前にチェックしてもらうと、聞きまちがっていたことなどを正すことができます。

インタビューが終わったら

　すぐに、お礼の手紙やメールを送りましょう。忘れてしまわないうちに、聞いた情報を整理します。調べ学習がまとまったら、インタビューを受けてくれた人にできあがったものを送り、改めてお礼を述べましょう。

インタビューの内容をまとめよう

　インタビューの内容をまとめるときは、メモしたものを見たり、録音したものを聞いたりして、内容を整理する必要があります。

　話をしているときは、同じ話題が何度か出たり、先に話した内容のまちがいに気づいて言い直したりすることがあります。メモや録音音声を聞きながら、内容を箇条書きにするなどして、同じ話題はまとめたり、まちがいを省いたりしましょう。

　また、インタビューの内容を記事にする場合も、話した順序通りにまとめようとすると、読む人がわかりにくくなることがあります。インタビューの内容が話してくれた人の意図とちがってしまわないように気をつけながら、文章を整理しましょう。

お礼の手紙の例

郷土資料館　□□課　2016年12月19日
○○○　様
　　　　　　▼▼小学校　■■■■

こんにちは。
　先日は、インタビューを受けていただき、ありがとうございました。インタビューのおかげで、昔の人がどんな工夫をしていたのかがよくわかり、勉強になりました。先週の土曜日には、「昔の道具――人々のくらしの変化とちえをさぐる」をかべ新聞にして、発表を行いました。写真を同封しますので、ごらんください。
　本当にありがとうございました。これからも、よろしくお願い申し上げます。

🎯 アンケートのとり方

　アンケートは、同じ質問を多くの人に行うものなので、多くの人の意見や考えをまとめるのにべんりな調査方法です。知りたいことの答えをきちんと得るためには、だれに、どのような質問に答えてもらうかを考える必要があります。

「何を、なぜ知りたいのか」「だれに質問すればいいのか」を考えよう

　アンケートは、回答する人が多ければ多いほど、信頼できるものになります。ただ、人数が多ければ多いほどよい、というものでもありません。年齢や性別によってちがう、ということを確かめたい場合、同じ年齢の人や同じ性別の人ばかりに回答してもらったとしたら、ちがいがわからず、意味のない結果になってしまいます。アンケートを通して、「何を」「なぜ」知りたいのかを考えましょう。

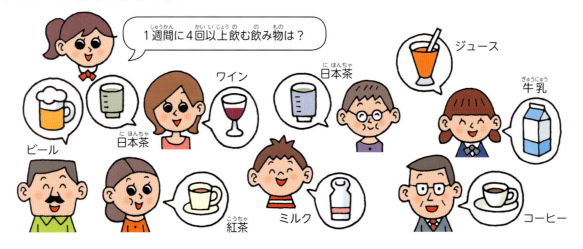

アンケート用紙をつくろう

　質問は回答する人の手間も考えて、多すぎず、回答しやすいものにしましょう。

アンケートの例

〇△小学校のみなさんへ　　　　　　平成28年5月12日
　　　　　　　　　　　　　　　　　4年2組　すなだ　りょう

　わたしは、「朝食の力を考える」という課題で調べ学習を行っています。
　みなさんがどのような朝食をとっているか、朝食をどのようなものと考えているかなどを調べたいと思います。アンケートのご協力をお願いします。
　このアンケートは先生方の許可をとって行っています。5月20日までに担任の先生にわたしてください。

アンケートに必ず書くこと
- アンケートの目的と協力のお願い
- アンケートを行う人の氏名
- 回収の期限（いつまでに回答してほしいか）

回答しやすいアンケートにするために注意すること

● 自由に回答してもらうものよりも、選択肢に〇をつけるものを多くする

選択肢がある

 週3回以上、朝食に食べるものはどれですか。
1. ごはん　2. おかゆ　3. トースト　4. 菓子パン　5. その他

自由に回答する

 朝食に何を食べますか。〔　　　　　　　　　〕

> 自由な回答は、回答する人に手間がかかるうえに、集計するのも大変だよ。

● 選択肢は、必ずどれかあてはまるものがあるようにつくる

 朝食にトーストは何枚食べますか。
あ. 1枚　　い. 2枚　　う. 3枚

ここがポイント❶

例 の選択肢だと、トーストを食べない人や、半分だけ食べる人、4枚以上食べる人には、どれもあてはまりません。「0枚」「4枚以上」「その他」の選択肢をつくるといいでしょう。

● 「賛成」か「反対」か、などを問う場合、「どちらとも言えない」「やや賛成」「やや反対」など選択肢を増やす

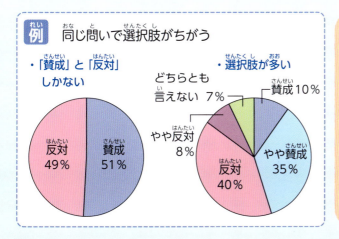

例 同じ問いで選択肢がちがう

・「賛成」と「反対」しかない
反対 49%　賛成 51%

・選択肢が多い
賛成 10%　やや賛成 35%　反対 40%　やや反対 8%　どちらとも言えない 7%

ここがポイント❷

例 は、「賛成」と「反対」しかないと、多いのは「賛成」。「どちらとも言えない」「やや賛成」「やや反対」を選択肢に入れると、いちばん多いのは、「反対」です。回答を2つに分けるより、選択肢が多いほうが人々の意見を正確に反映しやすくなります。

● 難しいことば、専門的なことばは使わない。必要なときは説明をつける
● アンケートの結果は、表やグラフにまとめる（表やグラフのまとめ方は40ページ）

実験や観察をする場合

インタビューやアンケートのほかにも、実験や観察によって自分で情報を得る方法があります。

実験や観察の流れ

① 何をどのような条件で実験・観察するかを決める → ② 実験・観察の準備をする → ③ 実験・観察する

何をどのように実験・観察するかを決めよう

実験や観察も、いきなり始めるのではなく、まず、本やウェブサイトでしっかり調べましょう。同じような実験や観察があれば、実験や観察の方法の参考になり、結果を予測することもできます。

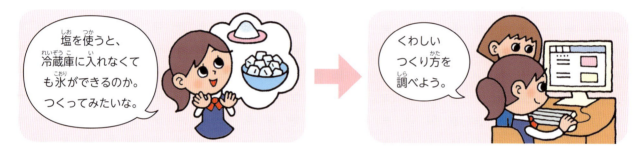

塩を使うと、冷蔵庫に入れなくても氷ができるのか。つくってみたいな。

くわしいつくり方を調べよう。

実験・観察の準備をしよう

知りたい情報を得るためには、どのような条件でどんな実験・観察をすればよいのか、計画をたてましょう。どんな材料や道具が必要かも考えて準備をします。実験・観察の結果を予想しながら、方法を考えましょう。

好きなジュースでつくろうかな。

実験計画

- **目的** 塩と氷でアイスキャンデーをつくり、何度でアイスキャンデーができるかを調べる。
- **予想（仮説）** 水がこおるのは0℃だから、ジュースも0℃でこおると思う。
- **方法**
  1. とうめいの入れ物（ビニール袋［小］）2つにちがう種類のジュースをそれぞれ30mL入れる。
  2. ビニール袋（大）に氷900gを入れ、塩300g（氷の重さの3分の1）をふりかけてまぜる。
  3. 2に1と温度計を入れる。

実験・観察をしよう

実験・観察を行うときは、日時や場所、どのような条件で行ったのか、きちんと記録をつけましょう。写真もとっておくといいでしょう。刃物や火を使うような実験のときは、おうちの方や先生など、おとなに相談してから行うようにしましょう。

入れ物のようすは、写真にとっておこう。また、観察して気づいたことをメモしておこう。

実験記録
実験した日　7月25日　室温　29℃
時間　温度　入れ物のようす
1分後　0.1℃
まだ変化していない。

実験・観察の結果をもとに、さらに実験・観察をしよう

実験・観察の結果が出たら、それからどんなことがわかるのかを考えてみます。さらにわからないことがあれば、次の実験・観察を行ったり、調べたりしましょう。

0℃では、アイスキャンデーはできなかった。入れ物に入ったジュースのちがいで、こおる温度もちがった。ジュースのこさによって、こおる温度がちがうのかな。

→

水、水でうすめたジュース、うすめていないジュースで、こおる温度を調べてみよう。

実験・観察からわかったことをまとめよう

実験・観察の結果から、しくみや理由を考えましょう。また、わかったこと、まだわからないことは何かを整理します。

わかったこと：水にとけているもののこさによって、こおる温度は変わる。
　　　　　　　　ほかのものがとけていると、こおる温度は0℃より低くなる。

わからないこと：こおる温度が変わるのは、まざっているもののこさがちがうときだけか。

参考：株式会社ニチレイホームページ「氷の実験室」

表やグラフにまとめよう

アンケートの結果や実験の結果などの情報を整理するには、表やグラフに表す方法もあります。表やグラフなどに表すと、ひとめでようすがわかり、自分の考えの根きょ（なぜそう思うのかを示すもの）として使うことができます。グラフには、棒グラフ、折れ線グラフ、円グラフなどの種類があります。グラフの特ちょうをつかみ、使い分けるようにしましょう。

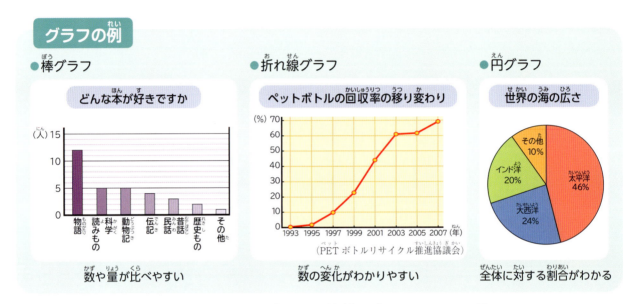

グラフの例
- 棒グラフ　数や量が比べやすい
- 折れ線グラフ　数の変化がわかりやすい
- 円グラフ　全体に対する割合がわかる

伝わりやすいグラフをつくるには、伝えたい内容に合ったグラフを選ぶだけでなく、めもりの数値や幅を適切なものにすることも大切です。

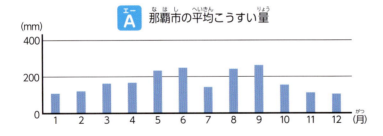

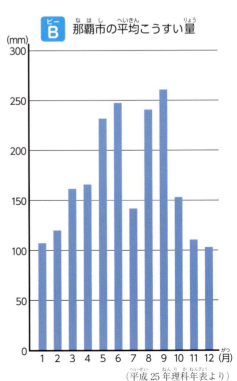

ここがちがう

AとBのグラフは、まったく同じ資料をグラフにしています。Aのグラフは、めもりの幅が 200mm になっていて、Bのめもりの幅は、50mm です。Aのグラフでは、正確な数値がわかりにくく、いちばんこうすい量が多い月、少ない月もよくわかりません。Bのグラフを見ると、いちばんこうすい量が多いのは 9 月であること、いちばん少ないのは 12 月であることがわかります。

（平成 25 年理科年表より）

発表しよう

◎ 発表のしかた

集めた情報をまとめたら、みんなに発表します。発表の方法には、大きく分けると次の2つがあります。

❶ 提出したり、回覧したりして、見てもらう
❷ 聞き手の前で直接、発表する

❶の方法は、レポートや意見文、提案書などの形にまとめたものをほかの人に見てもらいます。聞き手の前で発表するのではなく、それぞれの人にそれぞれで読んでもらう方法です。

❷は、プレゼンテーションといって、調べた内容を聞き手の前で発表する方法です。話しことばで、聞き手に直接、伝えることができます。また、その場で質問をしてもらったり意見を聞いたりすることもできます。

どの形で発表するのかは、あらかじめ決まっている場合もあります。自分で選べる場合は、調べたことのなかで、ほかの人にいちばん伝えたいことは何か、どんな方法で伝えるとよさそうかを考えて選びます。

テーマを決めたり、計画をたてたりするときに発表のしかたも考えておきましょう。なんのために、だれに対して発表するのかを考え、どのような形でまとめ、発表するのかを決めます。

◎ ポートフォリオを整理しよう

ポートフォリオにたまった資料を見直し、調べ学習をふり返ってみましょう。たとえば、次のようなことを考えてみましょう。

ふり返ってみよう
- 調べ学習を通して、わかったことは何か
- いちばんおもしろかったこと、印象に残ったことは何か
- みんなに伝えたいことは何か
- どんな資料を使えば、うまく伝えられそうか
- 調べ学習のなかで、工夫したのはどのようなことか
- できなかったこと、新しく疑問に思ったことは何か
- 読み手や聞き手にたずねてみたいことは何か
- 今後、どうしていきたいか

◎レポートを書こう

レポートとは報告書ともいって、調べた結果、わかったことや考えたことを、ほかの人に読んでもらうために、まとめたものです。

レポートにのせる内容の例

● **タイトル（題名）**
調べた内容が具体的に伝わる題名をつけましょう。読み手に興味をもってもらえるようなタイトルを工夫してみましょう。16ページの例では、「見えないほねのふしぎな力」というサブタイトルがついていました。そのように、サブタイトルをつけると、さらに内容がわかりやすくなります。

● **調べた目的（きっかけやテーマを決めた理由）**
なぜこのテーマを調べようと思ったのかを書きましょう。また、自分が予想したこと（仮説といいます）も書いておきましょう。

● **調べた方法**
どのような計画をたて、いつ、どこで、どうやって、何を調べたのかを書きます。グループで調べた場合は、だれが何を担当したのかも書いておきましょう。

● **結果**
アンケートの結果やインタビューをまとめたもの、観察や実験の結果を書きましょう。文章だけでなく、表やグラフ、さつえいした写真などもそえます。

● **まとめ**
結果からわかったこと、わからなかったこと、考えたことを書きましょう。また、このとき、調べる目的に照らし合わせてどうだったのか、予想したことと同じだったのか、ちがったのか、さらに調べたいことは何かということについてもふれましょう。

● **参考資料**
調べるときに使った資料の出典をまとめて書きましょう。出典は、21ページでしょうかいしたように、参考にした資料の著者（監修者）名、書籍名、発行所（出版社）、発行年、ページ番号を書きます。

構成メモの例

構成メモ

1. 調べる目的（きっかけ）
2. 液体がこおる温度とは
   水、まざっているものによるちがい
3. 実験1
   目的・予想・方法・結果・考察
4. 実験2
   目的・予想・方法・結果・考察
5. まとめ
   わかったこと
   新たに生まれた疑問
   感想

まず、構成メモをつくろう！

意見文を書こう

意見文は自分の意見を述べるもの、提案書は自分の提案を述べるもので、どちらも自分で調べたことを理由や根きょにして書くものです。読み手が、「なるほど」「そうしてみようかな」と、意見に納得したり、提案を受けいれたりしてくれるように書きましょう。

調べ学習を通して、わたしたちの町でもごみが増えて、ごみをうめたてる場所がなくなってきている、ということを知ったよ。ごみをへらすことの重要性をうったえる意見文を書くんだ。

意見文の構成表をつくる

自分の意見がはっきりと伝わるように、集めた情報を見ながら、文章の構成を考えます。

構成表の例

はじめ（序論） 考えたきっかけ、 自分の意見	きっかけ	テレビのニュースで、ごみはもやして灰にしたり、細かくくだいたりしてうめられるけれど、うめる場所がなくなってきていると知った
	意見	●新しいごみうめたて地（最終処分場）はなかなかつくれない ●いつか自然がなくなり、ごみだらけになってしまう ●ごみの量をへらすべき
なか（本論） 意見とその根きょ （調べてわかった こと）	ごみが増えた 原因と対策	（アンケートの結果）●とりあつかいが簡単な使い捨てのものを使ってしまう人が多い 　　　　　　　　　　●分別するのがめんどう ➡　ごみになりにくいものを選ぶ、分別の手間をへらす
	ごみをへらす 取り組み	徳島県上勝町では、細かい分別方法をつくり、できるだけごみを出さない努力をしているため、ごみ収集車が必要ない ➡　分別をてっていし、再利用を心がける
おわり（結論） まとめの意見		●ごみになりにくいものを選ぶ ●再利用を心がける

参考：徳島県上勝町「ゼロ・ウェイスト宣言」、「資源分別ガイドブック」

意見文を書く

構成表をもとに、意見文を書きます。

意見の理由や根きょは自分が調べたことをもとにしましょう。また、自分とはちがう意見、とくに反対意見を予想して、そういう意見の人も納得できるように説明することを心がけると、より説得力が増します。

◉ プレゼンテーションをしよう

　ほとんどのプレゼンテーションは、決められた時間内に行わなくてはなりません。時間内に収まるように、プレゼンテーションの構成を考えます。

　構成が決まれば、次にプレゼンテーションで使うもの（資料を示すフリップなど）の準備をしましょう。聞き手にとって見やすいように、資料の文字や図の大きさ、色に気をつけます。グループで行う場合は、だれがどの部分の発表をどんな順番で行うのかを決めておきましょう。

　プレゼンテーションをする前に、必ず練習をしましょう。声の大きさ、スピードは聞き取りやすいものになっているか、伝えたい内容と資料が合っているか、わかりやすいことばを使っているかなどを確かめます。聞き手から出そうな質問も予想してみましょう。

　実際に、プレゼンテーションをします。聞き手は、どんなところに関心をもって聞いてくれるでしょうか。どんな質問や意見、感想をもらえるでしょうか。発表で得られた気づきを次に生かしましょう（次につなげる方法については46ページ）。

◉ そのほかの発表のしかた

発表のしかたは、さまざまです。しょうかいしたもの以外にも、発表のしかたはあります。だれに、どんなことを伝えたいのかを考え、伝わりやすいと思う方法を選びましょう。

新聞

調べたことを記事にまとめて伝えます。伝えたいことの順番を考えて、記事の数や大きさを決めます。1枚の大きな紙に書くので、ひとめでわかりやすく伝えることができます。

パンフレット、リーフレット

パンフレットは小冊子、リーフレットは表とうらに印刷をした1枚の紙をおりたたんだ形のものです。持ち運びにべんりなので、読んでほしい人それぞれに配ることができます。

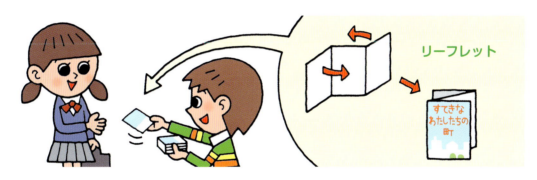

ポスター発表

それぞれが調べたことをポスターにまとめます。何人かが同時に発表を行い、聞き手は、自分が興味のある発表を選んで聞きます。

発表する人と聞き手のきょりが近いので、それぞれが相手の反応を受け取りやすく、質問などを通して、交流することができます。

発表しよう

ふり返って、次につなげよう

ポートフォリオをふり返ってみよう

　ポートフォリオにたまった資料を見ながら、調べ学習全体をふり返りましょう。もう一度、次のようなことを考えてみましょう。

ポートフォリオをふり返る

- 当初、目標としていたことは達成できたか
- 調べ学習を通して何が発見できたのか　印象に残ったことは何か
- どんな方法で調べたか　工夫したのはどのようなことか
- どんなところが難しかったか　どうやって困難をのりこえたか
- 仲間と協力できたか　どんな出会いがあったか
- どんなことを考えたか　どのように自分の考えがふかまったか
- 新しく生まれた疑問は何か　できなかったことは何か
- 今後、どうしていきたいか

ほかの人の意見を参考にしよう

　発表を行ったときに、聞き手や見てくれた人からの質問や意見、感想やアドバイスを書き出しましょう。そして、質問や意見、感想やアドバイスをもらった理由を考え、次に生かすにはどうすればよいかを検討します。

次にどうつなげるかを考えて、記録に残そう

　調べ学習では、新しい発見をすることだけではなく、新たな疑問を見つけることもまた、大切な成果です。調べ学習は、発表して終わりではありません。今回の調べ学習で達成できたことを喜びつつ、残った課題をどのように次につなげるか考えてみましょう。
　考えたことを忘れないように書いて、ポートフォリオに残しておきましょう。

さくいん

あ

- アンケート……20・29・30・36〜38・40・42・43
- 意見文（いけんぶん）……41・43
- 一般図書（いっぱんとしょ）……24
- インターネット……8・19・20・28・29・31
- インタビュー……8・18・20・30・34・35・38・42
- 引用（いんよう）……21
- ウェブサイト……20・26・28〜31・38
- 音楽（おんがく）……13・25

か

- 科学館（かがくかん）……31
- 家庭科（かていか）……14
- 観察（かんさつ）……8・18・20・30・31・38・39・42
- 郷土資料館（きょうどしりょうかん）……19・31・32・35
- グラフ……10・18・27・37・40・42
- 計画表（けいかくひょう）……10・11・19
- 下水処理施設（げすいしょりしせつ）……31
- 検索機（けんさくき）……24・26
- 国語（こくご）……13・14

さ

- 雑誌（ざっし）……20・24
- 参考図書（さんこうとしょ）……24・27
- 算数（さんすう）……13・14
- 司書（ししょ）……26
- 実験（じっけん）……8・12・13・17・18・20・31・38・39・42
- 社会（しゃかい）……13・14
- 取材（しゅざい）……10・33
- 出典（しゅってん）……21・29
- 消防署（しょうぼうしょ）……31
- 資料館（しりょうかん）……31
- 新聞（しんぶん）……20・24・45

た

- 著作権（ちょさくけん）……21
- 提案書（ていあんしょ）……41・43
- テレビ……20
- 統計（とうけい）……27・31
- 図書館（としょかん）……8・18・19・24〜26・31

な

- 日本十進分類法（にほんじっしんぶんるいほう）……25
- 年鑑（ねんかん）……27

は

- 白書（はくしょ）……27
- 博物館（はくぶつかん）……9・31
- パンフレット……24・45
- 美術（びじゅつ）……14・25
- 百科事典（ひゃっかじてん）……24・27
- 表（ひょう）……10・18・27・37・40・42
- フィールドワーク……20・30
- プレゼンテーション……41・44
- ポートフォリオ……10・11・33・41・46
- 保健所（ほけんじょ）……31
- ポスター……11・45
- ポスター発表（はっぴょう）……45

や・ら

- 要約（ようやく）……21
- ラジオ……20
- リーフレット……24・45
- 理科（りか）……13・14
- レファレンスサービス……26
- レポート……10・18・41・42

| 監修者紹介 | 西岡加名恵（にしおか かなえ） |

京都大学教育学部卒業、同大学院教育学研究科修士課程修了後、イギリスのバーミンガム大学にてPh.D.(Ed.)を取得。鳴門教育大学講師を経て、現在、京都大学大学院教育学研究科教授。専門は、教育方法学（カリキュラム論、教育評価論）。『教科と総合学習のカリキュラム設計』（単著、図書文化社）、『「資質・能力」を育てるパフォーマンス評価』（編著、明治図書出版）など、著書多数。

| 構成・編集・執筆 | 株式会社 どりむ社 |

一般書籍や教育図書、絵本などの企画・編集・出版、作文通信教育『ブンブンどりむ』を行う。絵本『どのくま？』『ビズの女王さま』、単行本『楽勝！ミラクル作文術』『いますぐ書けちゃう作文力』などを出版。『小学生のことわざ絵事典』『1年生の作文』『3・4年生の読解力』『小学生の「都道府県」学習事典』(以上、PHP研究所)などの単行本も編集・制作。

| イラスト | きたむらイラストレーション |

| 資料提供・協力 | 奈良女子大学附属小学校、京都市立堀川高等学校、大貫守氏、望月実氏、大崎裕生氏 |

| 主な参考文献 |

『教科と総合学習のカリキュラム設計』（図書文化社）
『総合学習とポートフォリオ評価法 入門編』（日本標準）
『総合と教科の確かな学力を育む ポートフォリオ評価法 実践編』（日本標準）
『学びの技 14歳からの探究・論文・プレゼンテーション』（玉川大学出版部）
『課題解決力と論理的思考力が身につく プロジェクト学習の基本と手法』（教育出版）
『考えるってこういうことか！「思考ツール」の授業』（小学館）
『はじめよう！アクティブ・ラーニング 1〜5』（ポプラ社）
『情報活用 調べて、考えて、発信する 1〜3』（光村教育図書）
『図書館のすべてがわかる本 4』（岩崎書店）
『調べ学習ガイドブック なにをどこで調べるか 2004〜2005』（ポプラ社）
『実践！自ら考える生徒たち 総合から教科へ、谷口中学校の取り組み』（岩波映像）

アクティブ・ラーニング 調べ学習編
テーマの決め方から情報のまとめ方まで

2017年3月3日　第1版第1刷発行
2017年6月27日　第1版第2刷発行

監修者　西岡加名恵
発行者　山崎　至
発行所　株式会社PHP研究所
　　　　東京本部　〒135-8137　江東区豊洲5-6-52
　　　　　　　　　児童書局　出版部　☎03-3520-9635（編集）
　　　　　　　　　　　　　　普及部　☎03-3520-9634（販売）
　　　　京都本部　〒601-8411　京都市南区西九条北ノ内町11
　　　　PHP INTERFACE　http://www.php.co.jp/

印刷所　共同印刷株式会社
製本所　東京美術紙工協業組合

©PHP Institute, Inc. 2017 Printed in Japan　ISBN978-4-569-78627-8

※本書の無断複製(コピー・スキャン・デジタル化等)は著作権法で認められた場合を除き、禁じられています。また、本書を代行業者等に依頼してスキャンやデジタル化することは、いかなる場合でも認められておりません。
※落丁・乱丁本の場合は弊社制作管理部(☎03-3520-9626)へご連絡下さい。送料弊社負担にてお取り替えいたします。

47P　29cm　NDC375